Bernhard J. Schmidt

Praxis kompakt:

Autismus und Hund

Bernhard J. Schmidt

Praxis kompakt:
Autismus und Hund

ISBN: 978-3746062556

Herstellung und Verlag:
BoD – Books on Demand, Norderstedt.

Bibliografische Information der Deutschen Nationalbibliothek:
Die Deutsche Nationalbibliothek verzeichnet diese Publikation
in der Deutschen Nationalbibliografie; detaillierte bibliografische
Daten sind im Internet über http://dnb.dnb.de abrufbar.

Für Sylvia

Inhaltsverzeichnis

I. VORWORT

Behandelten die Bücher der Reihe „Klartext kompakt"
vor allem den theoretischen Hintergrund zum Verständnis
von Autismus, so handelt diese Reihe und somit auch
dieses Buch vor allem von der praktischen Umsetzung.
Grundlage sind dabei die Erfahrungen und daraus abgeleiteten Schlussfolgerungen aus zwei Bereichen:

1.) dem Solidar Hotel Goldener Stern mit dem An-
gebot von Urlaub für Familien mit (autistischen)
Kindern, und

2.) der Zusammenarbeit mit der Hundeschule Sylvia
Ulrich, die wir mit unseren Gästen vom Solidar
Hotel einmal in der Woche besuchen.

Das Buch basiert also auf den Erfahrungen mit der Interaktion von etlichen autistischen Kindern, Jugendlichen
und Erwachsenen im Alter von 3 – 29 Jahren mit
Hunden.

Und dies unter der Perspektive der neuen sozial-psycho-
logischen und entwicklungsdynamischen Autismus-Theorie, die vor allem auch Angst und Stress als Hauptproble-
me bei Autisten aufzeigt.

Der Reduzierung von Angst und Stress haben wir also
unser Hauptaugenmerk gewidmet. Unsere Erfahrungen
im Solidar Hotel zeigen sehr eindrücklich, wie förderlich

sich diese Reduzierung bei der gesamten Familie auf die Entwicklung des autistischen Kindes auswirken kann.

Neben einer reizarmen Umgebung als auch Ausstattung des Hotels ist es aber vor allem die Akzeptanz des gegenüber neurotypischen Menschen anderen Verhaltens von Autisten.

Der große Vorteil der Erfahrungen im Solidar Hotel ist, dass man nicht nur die ganze Familie erlebt, sondern dies auch noch über eine ganze Woche. Die gebotene Erholung und Entspannung wirkt zudem nicht nur auf die autistischen Kinder, sondern auf die ganze Familie.

So konnten wir autistische Kinder und Jugendliche erleben, die noch am ersten Tag mit dem Kopf vor die Wand schlugen oder längere Zeit der Wand zugewandt im Treppenhaus standen. Und dann mit jedem Tag sich gemeinsam mit den Eltern immer mehr entspannt haben und mehr und mehr öffneten. Ein nicht unwesentlicher Teil dieser Entwicklungen waren dabei die gemeinsamen Besuche aller interessierten Gäste bei der Hundeschule von Sylvia Ulrich. Auch wenn auf den ersten Blick bei einigen Besuchen in der Stunde bei der Hundeschule nicht viel Veränderung passiert ist, konnten wir in den folgenden Tagen doch deutliche Veränderungen in der Interaktion innerhalb der Familien wahrnehmen.

Zudem gibt es seit einiger Zeit im Solidar Hotel auch einen eigenen Therapie-Begleit-Hund in Ausbildung – unseren Krishna.

Dieser kam nach einer Karriere als Schlittenhund im Alter von sechseinhalb Jahren in das Hotel. Der große Vorteil von Krishna ist, neben seinem gutmütigen und verträglichen Wesen, seine Bereitschaft zur Zusammenarbeit und Kommunikation auch mit fremden Menschen. So trug er von Anfang an zum Abbau von Stress bei und erobert immer umgehend die Herzen vor allem der Kinder. Das Titelbild zeigt Marlene, 5 Jahre alt und mutistische Autistin, zusammen mit Krishna. Das Lächeln von Marlene sagt mehr als tausend Worte.

Sowohl die Besuche in der Hundeschule als auch die Erfahrungen mit Krishna zeigen uns immer wieder, wie positiv Hunde auf Menschen im Allgemeinen und Autisten im Besonderen wirken können.

Das Buch behandelt deshalb ausführlich die Interaktion zwischen Mensch und Hund, sowie die Frage, wie diese möglichst gewinnbringend gestaltet werden kann. Um das Buch so einfach und verständlich wie möglich zu halten, wird auf Zitate als auch theoretische Erörterungen verzichtet. Denn auch wenn es einige Studien zur grundsätzlich positiven Wirkung von Hunden auf die Eltern von autistischen Kindern als auch auf diese selber gibt, so bedeutet dies nicht, dass immer und in jedem Fall das

Zusammenwirken von Mensch und Hund für beide Seiten funktioniert.

Deshalb gilt der Augenmerk vor allem der praktischen Umsetzung der Interaktion zwischen Mensch und Hund.

Mein ganz besonderer Dank gilt Sylvia Ulrich. Ohne die Erfahrungen mit ihren Hunden in den gemeinsamen Gruppenstunden und ohne ihre Beratung wäre dieses Buch nicht möglich gewesen.

II. EINFÜHRUNG

Zu keinem anderen Tier hat der Mensch eine engere Beziehung entwickelt als zum Hund. Über zigtausend Jahre hat sich eine sehr enge Symbiose zwischen Mensch und Hund entwickelt. Und kein anderes Tier kann die Körpersprache und Signale des Menschen besser lesen als der Hund.

Auf der anderen Seite kommt das Halten eines Hundes zur Zeit immer mehr in Mode. Und das leider auch in nicht art- und bedürfnisgerechter Haltung. So entwickeln heutzutage auch Hunde Zivilisationskrankheiten wie z.B. Übergewicht und psychische Störungen.

Es hat sich zudem ein riesiger Markt entwickelt, der die vermeintliche Befriedigung angeblicher Bedürfnisse der Hunde suggeriert.

Und auch im Bereich von Autismus sind Hunde mittlerweile ein großes Thema. Immer mehr Familien mit autistischen Kindern erhoffen sich von der Anschaffung eines Hundes eine Verbesserung der Interaktion und Förderung der Entwicklung des autistischen Kindes.

Die Spanne der angeschafften Hunde reicht dabei vom geretteten Straßenhund bis zum einige tausend Euro teuren Assistenzhund.

Wahrgenommen werden dabei leider häufig nur die Extreme dieser großen Spanne, also entweder Straßenhund oder teurer Assistenzhund.

Die vielen Möglichkeiten dazwischen werden leider viel zu häufig übersehen. Und auch bei der Auswahl der Hunderasse wird oft cher der Mode als der Vernunft gefolgt. Doch nicht alle Hunderassen eignen sich in gleichem Maße.

So darf es auch nicht verwundern, wenn es immer häufiger zu Problemen im Zusammenleben von Mensch und Hund kommt. Und dadurch dann das Ziel, nämlich der Abbau von Angst und Stress und die Förderung der sozialen Interaktion, verfehlt wird. Dabei ist selten der Hund das Problem, sondern in vielen Fällen ein falsches Verständnis von den Bedürfnissen eines Hundes und/oder eine nicht artgerechte Haltung. An erster Stelle zu nennen ist hierbei die Vermenschlichung des Hundes, und damit einher gehend eine Verhätschelung.

Der „richtige" Hund in der richtigen Umgebung kann als „Katalysator" dienen, kann Stress abbauen, einen Zugang zum Autisten schaffen und die Interaktion verbessern. Der „falsche" Hund dagegen bewirkt das Gegenteil. Dabei sind „richtig" und „falsch" keine Eigenschaften, die der Hund in sich hat, sondern die durch die Auswahl, Haltung und Führung durch den Menschen entstehen.

Der „richtige" Hund fällt also nicht einfach so vom Himmel, sondern bedarf eines nicht zu unterschätzenden Maßes an Kompetenz. Kompetenz bei der Auswahl einer geeigneten Rasse, des passenden Alters und Ausbildungsstandes des Hundes, sowie der artgerechten Haltung und Führung.

Und so hilfreich Hunde gerade auch bei Autisten und ihren Familien sein können – sie sind nie die Lösung. Erwarten Sie also von der Anschaffung eines Hundes keine Wunder.

III. AUTISMUS

Der wichtigste Unterschied unseres Verständnisses von Autismus gegenüber der gängigen (Lehr-) Meinung ist, dass es sich bei Autismus weder um eine Krankheit noch eine Behinderung handelt.

In unserem Verständnis ist Autismus eine andere Form sowohl der Wahrnehmung als auch Kommunikation.

Wie bereits in anderen Büchern umfassend dargelegt (siehe Literaturhinweise am Ende des Buches), haben Autisten insofern eine andere Wahrnehmung, als zum einen häufig eine höhere sensorische Sensibilität vorliegt, zum anderen aber vor allem auch eine „Reizfilterschwäche" vorhanden ist. D.h., dass störende Reize nicht automatisch ausgeblendet werden.

Wir werden uns hier aber auf den Bereich der besonderen Form von Kommunikation und Interaktion von Autisten konzentrieren. Denn zum einen ist ja ein Ziel z.B. der Anschaffung eines Hundes, die soziale Interaktion mit dem autistischen Kind zu verbessern. Zum anderen sind mögliche Probleme bei der Interaktion mit Hunden als auch Autisten in etlichen Punkten sehr ähnlich. Dies zeigt sich immer wieder bei den Besuchen der Hundeschule, auf die wir noch ausführlich eingehen werden.

Doch wie unterscheidet sich die Kommunikation von
Autisten von der neurotypischer Menschen?
NT-Menschen (neurotypisch, d.h. keine Autisten)
kommunizieren zu einem großen Teil unbewusst über
Mimik, Gestik, Modulation der Stimme …
Diese unbewusste Kommunikation dient der Orientierung
an der Gruppe, die wie eine Art „Autopilot" funktioniert.
Zugleich wird über das unbewusste Gruppenverhalten
auch die Zugehörigkeit zur Gruppe sowie die Position
innerhalb der Gruppenstruktur kommuniziert.
Die unbewusste Gruppenkommunikation führt aber häufig auch dazu, dass NT-Menschen nicht sagen, was sie
meinen, und nicht meinen, was sie sagen.
Diese (unbewusste) Seite der Kommunikation dient also
der Frage nach und Orientierung an der Gruppenmei-
nung. Sie ist geprägt z.B. durch Small-talk und viele
(überflüssige) Worte als Form der „Fellpflege" (groo-
ming).
Autisten fehlt diese Seite der Kommunikation in zwei-
facher Hinsicht. Zum einen können sie nicht auf diese
Weise kommunizieren, auf der anderen verstehen sie
diese Kommunikation nicht und können sich deshalb
auch nicht an der Gruppe orientieren.
Es fehlt also der „Autopilot".
Durch das Fehlen der unbewussten (Gruppen-) Kommunikation und Interaktion kann es zu einer Störung der

sozialen (!) Interaktion kommen. Doch die soziale Interaktion ist eine wesentliche Grundlage für die Entwicklung – von Mensch und Hund. Durch eine Störung der sozialen Interaktion, bei Autisten häufig z.B. durch Mobbing und Ausgrenzung durch Gruppen, kann es dann in Folge zu einer Störung der Entwicklung kommen.

Unser Verständnis der Bedeutung der sozialen Interaktion und Kommunikation u.a. als Grundlage für Entwicklung, führt auch dazu, dass wir uns nicht nur mit den autistischen Menschen, sondern mit der ganzen Familie befassen. Denn Kommunikation und Interaktion ist etwas, das immer zwischen entsprechenden Kommunikationspartnern stattfindet. Kommt es also zu einer Störung der sozialen Interaktion, so sind alle Partner daran beteiligt, nicht nur der autistische Mensch.

Deshalb betrachten wir auch die Wirkung von Hunden nicht nur auf den autistischen Menschen, sondern auch auf die gesamte Familie. Und wie wir noch darstellen werden, ist es häufig gerade die Verschiebung der Aufmerksamkeit vom autistischen Menschen weg, der neue Wege bahnen kann.

1   Autisten und Hunde

Ziel dieses Abschnitt ist es nicht, Autisten mit Hunden auf eine Stufe zu stellen. Die Unterschiede zwischen

Autisten und Hunden überwiegen bei weitem die Ähnlichkeiten. Und doch erscheint es als sinnvoll, die vorhandenen Gemeinsamkeiten näher zu beleuchten.

Weder wollen wir Hunde vermenschlichen, noch wollen wir das Verhalten von Autisten mit dem von Hunden gleichsetzen.

Doch Arroganz gegenüber anderen Säugetieren ist auch nicht angebracht. Denn die Evolution hat nicht für jede Art neue (Überlebens-) Strategien erfunden, sondern viele finden sich in verschiedenen Spezies wieder. Und gerade das Sozialverhalten von Säugetieren, zu denen auch sowohl Menschen als auch Hunde zählen, ähnelt sich in vielen Bereichen.

Zwar sind schon viele Bücher sowohl über Autismus, Autisten und auch Hunde geschrieben worden, und diese sollen hier nicht wiederholt werden.

Doch die Betrachtung der Ähnlichkeiten zwischen Autisten und Hunden kann aufschlussreich und hilfreich sein. Und das auch für die Beantwortung der Frage, warum die Interaktion zwischen Mensch und Hund auch und besonders gut ist für Autisten.

1.1   Sensorische Fähigkeiten

Autisten haben häufig eine viel ausgeprägtere sensorische Wahrnehmung der Umwelt, also im Vergleich zu NT-

Menschen eine Hypersensibilität. D.h., dass Autisten oft nicht nur besser sehen, riechen und hören, sondern auch gegenüber Berührungen besonders empfindlich sind.

Und Hunde können noch viel besser riechen und hören. Dieser Unterschied in der Wahrnehmung wird sowohl von den Bezugspersonen von Autisten wie auch Hundehaltern häufig übersehen. Menschen neigen dazu, ihre eigene Wahrnehmung für das Maß aller Dinge zu halten. Vielen Menschen fällt es schwer, sich die Auswirkungen der höheren sensorischen Sensibilität bei Autisten und Hunden bewusst zu machen und sich davon eine Vorstellung zu machen. Dabei kann eine reizüberflutete Umgebung bei Autisten als auch Tieren aufgrund der sensibleren Wahrnehmung Stress verursachen. Stress sowohl als körperliche Reaktion, die u.a. Herzschlag, Blutdruck und die Verdauung beeinflusst. Als auch in Form eines damit einhergehenden „Flucht oder Kampf"-Zustandes. Dieser Stress, so überlebensnotwendig er in gewissem Maße sein kann, verursacht als Dauerzustand nicht nur körperliche Probleme, sondern steht vor allem auch einer sozialen Interaktion im Wege!

1.2   Kommunikation

Für Hunde hat sich das „natürliche" Umfeld gewandelt. War es bei den Vorfahren, den Wölfen, noch das Rudel in

21

einer natürlichen Umgebung, tritt an dessen Stelle das Zusammenleben mit dem Menschen in einer technisierten, künstlichen Welt.

Befinden sich Hunde im Rudel, so funktioniert die Kommunikation und Interaktion immer noch, wie bei den Wölfen, nach den Regeln der Hunde. Die Kommunikation zwischen Mensch und Hund dagegen ist viel schwieriger und es kann leicht zu Missverständnissen kommen. Zwar haben Hunde über Jahrtausende gelernt, vor allem die Körpersprache und Mimik des Menschen sehr erfolgreich zu deuten. Dies darf aber nicht zu dem Trugschluss führen, dass Hunde zum einen die Lautsprache des Menschen verstehen, noch dass Hunde auf Lautsprache als „soziale Fellpflege", also auf small-talk angewiesen sind. Wie weit die Fähigkeit von Säugetieren reichen kann, die Mimik des Menschen zu verstehen, zeigt eindrücklich das Beispiel des „klugen Hans".

1.2.a   Exkurs: Der kluge Hans

Der kluge Hans war ein Pferd, das laut seinem Besitzer rechnen konnte. Nannte man dem Pferd eine Additionsaufgabe, z.B. 3 + 4, dann stampfte es sieben Mal mit dem Huf auf den Boden. Dies funktionierte nicht nur mit dem Besitzer, sondern auch wenn fremde Menschen die Aufgaben stellten. Nach vielen Spekulationen und Veröffentlichungen vor allem auch durch Fachleute, stellte sich heraus, dass der kluge Hans gelernt hatte, die Anspannung des jeweiligen Menschen vor der Ergebniszahl und Entspannung bei dieser Zahl zu deuten. Dabei sind diese motorischen Äußerungen den Menschen meistens nicht einmal bewusst. Beschrieben wurden sie vor allem von Paul Ekman (siehe Literaturhinweise).

Wenn jemand sagt „Mein Hund kann Gedanken lesen" ... dann liest der Hund einfach u.a. die motorischen Signale. Und diese motorischen Signale treten, wie Untersuchungen zeigen, häufig bereits vor dem Bewusstsein auf. Ihre Mimik und Ihr Körper sagt also z.B. „Sitz", bevor Sie es auch nur gedacht, geschweige denn gesagt haben. Das „kluge Hans Trauma" der Psychologie hat u.a. zur Methodik der Doppel-Blind-Studien geführt, bei denen keiner der Interaktionspartner die Lösung kennt. Wir werden auf die Bedeutung der Körpersprache und Mimik zurück kommen.

Die soziale Interaktion mit dem Menschen ist für Hunde, im Unterschied zur Interaktion im Hunde-Rudel, recht anstrengend, gilt es doch die Zeichen des Menschen in Form von Körpersprache und Mimik zu entschlüsseln.

Deshalb brauchen Hunde auch ausreichend Ruhe und Pausen von der sozialen Interaktion mit den Menschen. Ähnlich verhält es sich mit Autisten aufgrund des Fehlens der unbewussten Gruppeninteraktion. Die Lautsprache (im Unterschied zur Körpersprache) von NT-Menschen besteht zu ca. 60% aus „Fellpflege", also aus unbewusster Gruppenkommunikation, und nur zu ca. 40% aus Sachinformation. Doch nur diese Sachinformationen sind für Autisten von Interesse, können von diesen überhaupt verstanden werden. Das Herausfiltern des bescheidenen Anteils von Sachinformation aus dem Gesamtpaket der NT-Kommunikation erfordert von Autisten viel Übung und Energie.

Hinzu kommt das Herausfiltern z.B. der Sprache gegen Hintergrundgeräusche, das aufgrund des Fehlens der Reizfilter auch mit einem hohen Energieaufwand einher geht. So brauchen auch Autisten immer wieder Regenerationsphasen, um wieder Energie aufbauen zu können.

Bei der Interaktion sowohl mit Autisten als auch Hunden ist von daher eine klare und knappe verbale Kommunikation einer ausschweifenden vorzuziehen. Bei Hunden kann man sogar weitgehend auf die verbale Kommunikation verzichten, wenn man die nonverbale Kommunikation über Körpersprache und Gesten beherrscht. In jedem Fall ist aber ein kurzes „Sitz" weit aus erfolgversprechender als ein „Ach Schnuffel, komm doch bitte und mach

Sitz". Und auch die Wiederholung eines Kommandos, wenn dieser nicht sofort vom Hund ausgeführt wird, ist wenig sinnvoll. Denn in aller Regel liegt die Nichtbefolgung nicht daran, dass ihr Hund sie nicht gehört oder das Kommando nicht verstanden hat, sondern dieses nicht ernst nimmt. Geht es z.B. um Futter, wird Ihr Hund Sie auch in der letzten Ecke hören und sofort herbei eilen. Probieren Sie es doch einfach mal aus – Sie werden erstaunt sein, wie gut Ihr Hund „hören" kann.

Bei der Kommunikation mit Autisten sollte die lautsprachliche Kommunikation gegenüber der Kommunikation mit NT-Menschen, die immer einen großen Anteil an Beziehungskommunikation erwarten, zumindest deutlich reduziert werden. Und das auch, um z.B. autistischen Kindern Raum zu bieten für deren lautsprachlichen Äußerungen. Häufig entsteht, wenn ein Kind nicht spricht, ein Teufelskreis, in dem die Eltern zum einen immer mehr reden und zum anderen immer mehr in vorauseilendem Gehorsam für das Kind erledigen.

So bleibt zum einen kaum Raum für lautsprachliche Äußerungen des Kindes – und zum anderen benötigt es diese nicht, erhält es doch alles was es braucht, auch ohne zu sprechen. So wie Hunde auch, denen die Halter häufig jeden Wunsch von den Lefzen ablesen.

Ein Fehlschluss ähnlich dem bei der Nichtbefolgung eines Kommandos durch den Hund, dass dieser das

Kommando nicht gehört oder nicht verstanden hat, ist der Irrtum, dass mutistische Kinder, nur weil sie nicht sprechen, Lautsprache auch nicht verstehen.

1.3   Rudel, Rangordnung und Orientierung

In Hunden steckt, aufgrund der Abstammung vom Wolf, immer noch ein Rudeltier. Dies wird häufig vergessen, weil wir Hunde kaum noch im Rudel erleben können. Und auch wir Menschen sind noch viel mehr „Rudeltiere", handeln zu weiten Teilen unbewusst und gruppenabhängig, als wir uns dies eingestehen wollen.

Die Ergebnisse der Sozialpsychologie der letzten Jahrzehnte sprechen jedoch eine klare Sprache bezüglich der Gruppenabhängigkeit menschlichen Verhaltens.

Wenn man mal ein Hunde-Rudel beobachten kann, dann wird sehr schnell deutlich, dass Hunde im Umgang miteinander viel robuster sind, als wir Menschen uns das vorstellen. Hunde gehen bei der Begrüßung, dem Spiel und beim Aushandeln der Rangordnung innerhalb des Rudels nicht so zimperlich miteinander um, wie wir in aller Regel mit ihnen!

Auf der anderen Seite gibt es im Rudel Regeln und auch Grenzen bei der Interaktion. Wird diese Grenze eines Hundes durch einen anderen überschritten, wird dies z.B. durch ein kurzes Quieken angezeigt, worauf der andere

Hund in aller Regel sein Verhalten einstellt oder zumindest reduziert.

Für Hunde bietet die Sozialstruktur innerhalb des Rudels zudem eine wichtige Orientierung.

Für moderne Menschen ist zumindest intellektuell eine Orientierung an der Gruppe, und dazu noch eine unbewusste, kaum noch zu denken und zu akzeptieren.

Die Ergebnisse der Sozialpsychologie hin oder her.

Die Ideen von Freiheit, Individualität und Gleichberechtigung haben zu sehr unsere Vorstellungen geprägt. Dieses Ausblenden (unbewussten) Gruppenverhaltens führt nicht selten zu Problemen sowohl bei der Erziehung von Kindern als auch Hunden.

1.3.a   Exkurs: (Über-) Lebensstrategien

Leben ist ein Prozess, der unter Energieaufwand der Entropie entgegen läuft. Entropie ist der Begriff für einen Prozess, der dazu führt, dass normalerweise Dinge einen Zustand maximaler Unordnung annehmen, weil dieser das geringste Energieniveau hat.

Wir sind von vielen solchen Prozessen umgeben.

So wird die Wohnung ganz von alleine dreckig, verwelken die Blumen, wenn wir sie nicht gießen, altern wir selber und auch unser Hund, vergammelt das Brot in der Brotkiste …

Leben bedeutet also den andauernden Kampf gegen den Prozess des Verfalls unter Aufwendung von Energie.

Um das Über-Leben zu sichern, finden sich einige Grundstrategien bei Lebewesen im Allgemeinen.

Es sind vor allem die Suche nach Futter (Energie) und (sexuelle) Vermehrung. Um diese Prozesse zu sichern, kommen als „Hilfsdienste", ohne Anspruch auf Vollständigkeit, hinzu:

—   Explorationsverhalten (Erkundungsverhalten). Die Umgebung wird also immer wieder erkundet, um Nahrungsquellen und Sexualpartner zu finden.

—   Aggression – um Territorium, Nahrung und Sexualpartner gegen Konkurrenten, und sich wie auch die Brut gegen Fressfeinde zu verteidigen.

—   Stress – als physiologische Reaktion auf eine Bedrohung, um den Körper für Flucht oder Kampf zu rüsten.

—   Sozialverhalten – um das (Über-) Leben in einer Gruppe zu ermöglichen.

Alle Hilfsdienste sind also erst einmal "normal" und lebensdienlich. Nicht nur das Sozialverhalten, sondern auch Aggression und Explorationsverhalten. Doch die beiden letzteren genießen, zu unrecht, einen schlechten Ruf, scheinen dem Sozialverhalten geradezu im Wege zu stehen.

So wie ein Hund aufgrund des Explorationsverhaltens im wahrsten Sinne des Wortes seine Nase in alles hineinstecken muss, so kann man dies auch häufig bei Autisten beobachten. Grenzen sind natürlich auch hier notwendig, nicht alles sollte vom Hund beschnüffelt, nicht alles vom Kind erkundet werden. Doch häufig haben wir im Solidar Hotel den Eindruck, dass aufgrund gesellschaftlicher Konventionen die Grenzen des Erkundungsverhaltens der (autistischen) Kinder viel zu eng gesteckt werden. Aber sowohl Kinder als auch Hunde brauchen die Möglichkeit, ihre Umgebung zu erkunden. Und als Kind diese Umgebung im wahrsten Sinne des Wortes auch zu „manipulieren" - anzufassen, zu befühlen, Dinge fallen zu lassen … Diese Manipulationen der Umgebung, das Öffnen von Schranktüren etc. sind wichtiger Teil des Lernens. Häufig erleben wir, wie Eltern das Explorationsverhalten ihrer autistischen Kinder einschränken, das Erforschen unterbinden, statt es als Ausgangspunkt einer sozialen Interaktion zu nutzen. Also statt z.B. gemeinsam die Umgebung zu erkunden.

Aber auch Aggression hat ihren festen Platz im Verhalten von Tier und Mensch, solange sie im Rahmen bleibt.
Nicht die Aggression als solche ist schlecht, sondern nur eine unbegrenzte, überschäumende.
Die Hilfsdienste können zudem in verschiedenen Kombinationen auftreten.
So ist zum Beispiel das Spiel häufig eine Kombination von Exploration und (spielerischer) Aggression!
Mobbing in seiner ursprünglichen, von Konrad Lorenz im Tierreich als "Hassen" beschriebenen Form, ist Aggression in Kombination mit Sozialverhalten, wenn z.B. gemeinsam Fressfeinde angegriffen und verjagt werden. Beim Menschen dagegen nimmt das Mobbing überhand - und das mit häufig katastrophalen Folgen für den gemobbten Menschen.
Zugleich steht das Individuum aber auch immer im Konflikt zwischen der Verfolgung eigener Ziele und denen der eigenen Gruppe. Also zwischen Egoismus und Altruismus, zwischen "ich" und "wir".
Hier gilt es durch soziale Interaktion die Grenzen z.B. für aggressives Verhalten innerhalb der Gruppe zu lernen.

Das Austesten von Grenzen im Verhalten anderen gegenüber ist Teil des Explorationsverhaltens.

Wird normalerweise die physikalische Umgebung erkundet, so ist es in diesem Fall die soziale Struktur (der Gruppe). Das Austesten von Grenzen dient dabei auch dem Erlernen von sozialer (!) Interaktion.

Und wenn die immer wieder gestellten „Fragen" nach den Kompetenzen der anderen und der eigenen Stellung innerhalb der sozialen Struktur nicht beantwortet werden, so kommt es zu zwei Problemen.

Zum einen wird das Sozialverhalten nicht entwickelt. Denn soziale Interaktion wird vor allem durch eines gelernt: durch soziale Interaktion.

Werden aber die Grenzen für das Verhalten des Individuums innerhalb der Gruppe nicht aufgezeigt, ist dies gleichbedeutend mit der Verweigerung der sozialen (!) Interaktion.

Das Jagen und Verbellen z.B. eines Joggers durch einen Hund ist zwar eine Interaktion – aber keine soziale.

Die soziale Interaktion definiert sich über die Beachtung der Grenzen und Bedürfnisse der anderen Interaktionsteilnehmer.

Zum anderen entwickeln Kinder als auch Hunde, denen Grenzen nicht klar aufgezeigt werden, die „Vorstellung", sie wären die „Chefs" der Familie oder des Rudels.

Das wäre nicht weiter schlimm, wenn nicht Kinder als auch Hunde mit der Führungsrolle innerhalb einer Menschenfamilie vollkommen überfordert wären. Wenn von ihnen dadurch nicht Fähigkeiten abverlangt würden, zu denen sie gar nicht in der Lage sind. Statt ihnen die Orientierung zu bieten, auch durch klar gesetzte Grenzen, die sie benötigen.

1.4 Ambivalenz von Grenzen

Grenzen haben zwei Gesichter. Zum einen können sie einengen und behindern. Zum anderen geben sie aber auch Sicherheit und Orientierung. Kulturell bedingt werden zur Zeit nur die negativen Seiten von Grenzen wahrgenommen, wird von einer Welt ohne Grenzen geträumt. Die positiven Seiten von Grenzen und auch ihre Notwendigkeit werden dabei häufig übersehen.

Grenzen bieten einen Rahmen, in dem man sich frei und sicher entfalten kann. Ja, Grenzen sind bis zu einem gewissen Grad Voraussetzung von Freiheit. Deshalb sind Grenzen sowohl für Kinder als auch Hunde wichtig.

Die größte Freiheit für einen Hund, das freie Laufen ohne Leine, setzt voraus, dass der Hund gehorcht. Und zwar nicht ein bisschen gehorcht in dem Sinne „Komm her oder lass es bleiben", sondern zuverlässig dem jeweiligen Kommando Folge leistet. Ohne diesen Gehorsam würde der Hund ohne Leine nicht nur zur Gefahr für Jogger, Radfahrer … sondern auch für sich selbst, wenn er z.B. auf eine stark befahrene Straße läuft.

Grenze bedeutet dabei „Bis hier hin, und nicht weiter!".
Ein moderner Irrglaube sowohl in der Kinder- als auch
Hundeerziehung ist es, diese Grenzen allein durch positive Verstärkung, also durch die Gabe von „Leckerli",
und / oder das Ignorieren der Grenzverletzungen vermit-
teln zu können.

Dabei wird übersehen, dass das Infragestellen der Grenzen aufgrund des Explorationsverhaltens ein automa-
tischer und wiederkehrender Prozess ist – bei Kindern
und Hunden.

Und dass die Antwort auf die gestellte „Frage" nach der
Grenze umso wirkungsvoller ist, je klarer und deutlicher
sie ausfällt.

Werden die notwendigen (!) Grenzen nicht eindeutig
gesetzt, eine Übertretung ignoriert und nicht geahndet,
dann bedeutet das zugleich, dass auch die Fragen nach
der Stellung innerhalb der sozialen Struktur nicht beantwortet werden. Sowohl Kinder als auch Hunde ohne kon-
sequent formulierte und durchgesetzte Grenzen „schwim-
men". Sie sind dann in einem permanenten Zustand des
Nachfragens, Auslotens und Austestens. Hierfür wird
zum einen sehr viel Energie benötigt, zum anderen befinden sich die Kinder und Hunde dann sozusagen in einem
„luftleeren Raum", in Unsicherheit. Es fehlt die Orientie-
rungsmöglichkeit an kompetenten Interaktionspartnern
innerhalb der sozialen Struktur.

Und so kommt es zu einer Umkehrung der Orientierungs-
richtung. Nicht mehr Kind oder Hund orientieren sich am
Erwachsenen, sondern umgekehrt.

1.4.a   Exkurs: Orientierung

Als Folge der 1968er Jahre wurde vieles auch zu Unrecht
diskreditiert, insbesondere die natürliche (!) Autorität aufgrund von Kompetenz. Stellt man die Frage, wer sich
denn an wem wohl orientieren sollte, dann ist die einfa-
che Antwort: Der weniger Kompetente am Kompetente-
ren. Die Idee von Gleichberechtigung, d.h. dem gleichen
Anspruch auf Entfaltung der Persönlichkeit, wurde ver-
wechselt mit Gleichheit und Gleichmacherei.
Doch leider ist es so, dass mein Hund nicht meine Hem-
den bügelt, nicht mir meinen Bauch krault, sondern nur
ich ihm. Dass Krishna, so ein super guter Hund er auch
ist, nicht die Miete bezahlt und das Futter kauft.
Hunde allgemein kennen nicht von sich aus die Regeln
des Zusammenlebens der Menschen, sondern sie müssen
ihnen beigebracht werden, so wie Kindern auch. Diese
Vermittlung erfolgt durch soziale Interaktion, bei der der
(hoffentlich) Kompetentere die Richtung vorgibt und
Grenzen setzt. Und das so, dass die weniger Erfahrenen,
weniger Kompetenten, sich daran orientieren können.

Insbesondere autistische Kinder, denen die Orientierung aufgrund des fehlenden „Autopiloten" besonders schwer fällt, brauchen klare Strukturen und Grenzen – nicht zur Einengung – sondern zur Orientierung.

1.5   Bewegung

Bereits im Buch „Hilfen für Autisten?" [Schmidt, B.J. 2015/2)] wurden ausführlich der Default-Mode und Task-Mode dargestellt. Auch wurde ausgeführt, dass Autisten der Default-Mode, der vor allem für das unbewusste Gruppenverhalten zuständig ist, fehlt, und sie sich deshalb vorwiegend im Task-Mode befinden. Dieser geht einher mit einer hohen Aktivität, einem ausgeprägten Bewegungsbedürfnis und, wenn nicht durch Angst eingeschränkt, mit starkem Explorationsverhalten. Eine häufige Fehlinterpretationen bei autistischen Kindern ist die „Weglauftendenz", handelt es sich doch in vielen Fällen einfach nur um eine „Lauftendenz" aufgrund des hohen Aktivitätsniveaus. Und auch Hunde, wenige Rassen ausgenommen, brauchen viel Bewegung und Auslauf.

Praxisbeispiel: T.
Das Laufen ist T.s (18 Jahre alt und Asperger) große Leidenschaft. Wenn er mal aus seinem Zimmer kam, dann

nur im Vorbeieilen an den anderen Gästen und zu langen
Ausflügen in den Wald. T. war auf der einen Seite sehr
sportlich, auf der anderen Seite anfangs sehr zurück
gezogen. Er vermied das Verlassen des Zimmers und den
Kontakt mit Menschen weitgehend. Nach einigen Tagen
bei uns konnten wir seine Zurückgezogenheit nicht als
Symptom des Autismus, sondern als Sozial-Phobie identi-
fizieren. Durch die anschließende Intervention konnte
diese Phobie dann nach und nach beseitigt werden.
Leider hatten wir zu der Zeit, als T. unser Gast war, noch
nicht Krishna. Es wäre spannend gewesen, ob sich eine
Beziehung zwischen dem Sportler T. und dem ehemaligen
Schlittenhund Krishna entwickelt hätte. Ob T. sich über
die Begleitung von Krishna bei seinen Wanderungen ge-
freut und diese als Bereicherung empfunden hätte.
Aber T. möchte das Solidar Hotel noch einmal besuchen.
Dann wird sich die Gelegenheit bieten, T. einen Hund
(Krishna) als Begleiter bei seinen Ausflügen zur Verfü-
gung zu stellen.

1.6   Zwischen Erziehung und Dressur

Eine leider große Gemeinsamkeit zwischen autistischen
Kindern und Hunden ist, dass es etliche Menschen gibt,
die sie als reine Reiz-Reaktions-Automaten sehen und
behandeln. Die Möglichkeiten der Konditionierung und

der Behaviorismus üben anscheinend bis heute eine sehr starke Anziehung aus. Und das obwohl oder vielleicht gerade weil das Leben viel komplexer ist als ein Reiz-Reaktions-Mechanismus.

Im Zusammenhang mit autistischen Kindern äußert sich diese Sichtweise in Form von z.B. ABA, der „angewandten Verhaltensanalyse", die über Belohnung und früher auch Bestrafung erwünschtes Verhalten an- und unerwünschtes abtrainieren möchte.

Bei Hunden ist es der Versuch eines Beziehungsaufbaus über Leckerli-Gaben – was letztlich ABA für Hunde ist. Beides funktioniert nur sehr begrenzt. Zum einen sind die Ergebnisse häufig weder von Dauer, zum anderen sind die Lernerfolge oft nicht übertragbar. Hundehalter, die es geschafft haben mittels Leckerli in einer gewohnten Umgebung ihre Hunde zur Leinenführigkeit zu trainieren, haben es in anderer Umgebung auf einmal wieder mit nicht leinenführigen Hunden zu tun.

Aber natürlich sind Hunde auch bis zu einem gewissen Grad Reiz-Reaktions-Automaten. Und Menschen, egal ob Autisten oder nicht, sind dies auch. Doch die Gesamtheit ihres Wesens und Seins lässt sich so nicht verstehen.

Die Beschränkung der Perspektive sowohl bei Autisten als auch Hunden rein auf das Reiz-Reaktions-Verhalten steht dem Aufbau, der Entwicklung und Förderung sozialer Interaktion massiv im Wege!

Es sollte nicht übersehen werden, dass zur Verwirklichung des Über-Lebens nicht nur Menschen, sondern auch Tiere Strategien entwickeln können, die weit über ein Reiz-Reaktionsverhalten hinaus gehen (siehe Literaturhinweise: Sommer, Volker: Lob der Lüge).

Eine tragfähige soziale Beziehung lässt sich rein mittels Dressur nicht aufbauen.

Eine stabile, weit über das Reiz-Reaktions-Schema hinausgehende Interaktion funktioniert vor allem auch noch dann, wenn sich die Umgebung ändert oder der Leckerli-Beutel vergessen wurde. Aber wie wird eine stabile und tragfähige Beziehung erreicht?

Durch Erziehung statt Dressur.

Erziehung leitet das Lernen sowie die Exploration auf der Basis von Kompetenz und begrenzt die Aggression.

Dressur dagegen trainiert gewünschte "Tricks" an und unerwünschtes Verhalten ab.

Erziehung dagegen führt mittels sozialer Interaktion auch zur Vermittlung von notwendigen Grenzen im Rahmen des Miteinanders und damit zu Sozialverhalten.

Erziehung sollte also auf sozialer Interaktion beruhen und auf den Aufbau von Vertrauen abzielen. Sie findet aber auch in einem sozialen Umfeld von Erwartungen, Konventionen und Werten statt … und die Menschen sind nicht nur bei der Hundeerziehung verunsichert.

Bei der Erziehung darf auch nicht übersehen werden,
dass nicht nur der Erwachsene das Kind oder den Hund
erzieht, sondern auch Kind und Hund den Erwachsenen.
Beide Seiten befinden sich in einem sozialen Interakti-
onszirkel von gegenseitiger Beeinflussung und dem Aufbau von Handlungsketten. Sowohl Kindern als auch
Hunden ist die Fähigkeit zur strategischen Manipulation
zur Erreichung des (Über-) Lebens angeboren.
Und nur die Interaktion, die das Wesen und die Eigenhei-
ten des Gegenübers respektiert, ist sozial und fördert die
Entwicklung sowohl von Mensch als auch Hund.
Dabei sollte einem bewusst sein, dass Kinder und Hunde
IMMER lernen, beobachten und versuchen aus dem Be-
obachteten Schlüsse zu ziehen ... und nicht nur dann,
wenn wir ihnen etwas beibringen wollen. Ein wesentli-
cher Teil der Erziehung ist also unser Vorbild der sozialen
Interaktion mit anderen.

2   Förderung der Interaktion = Förderung der Entwicklung

Die andere Form der Wahrnehmung als auch Kommunikation bei Autisten trägt zwei Risiken in sich. Zum einen
sind es Angst und Stress, die entweder durch die sensorische Überlastung oder die fehlende Orientierung an der
Gruppe entstehen können. Zum anderen kommt es nicht

selten zu einer Störung der Interaktion mit der Umwelt, wodurch es in der Folge zu einer Störung der Entwicklung des autistischen Kindes kommen kann.

Denn Entwicklung braucht Interaktion!

Autismus ist also keine „tiefgreifende Entwicklungsstörung", sondern eine besondere Wahrnehmung und Kommunikation, die zu einer Störung der sozialen Interaktion und – als Folge davon – zu einer Störung der Entwicklung führen können.

So wird deutlich, dass die Wiederherstellung bzw. Verbesserung der sozialen Interaktion mit dem autistischen Menschen ein zentrales Ziel sein sollte. Hunde können hierbei sehr hilfreich sein.

3   Angst und Stress als Hindernisse

Angst und Stress sind die wesentlichen Hindernisse für den Aufbau einer sozialen Interaktion – egal ob zwischen Menschen oder Mensch und Hund.

Mit seiner „Polyvagal Theorie" beschreibt Stephen Porges (siehe Literaturhinweise) sehr eindrücklich die evolutionären Entwicklungen, die dazu geführt haben, dass Säugetiere nur dann sozial interagieren können, wenn sie die Umgebung als sicher wahrnehmen.

Dies kommt schön in der Überschrift zu einem Artikel von Ravi Dykema über die Polyvagal-Theorie zum Aus-

druck „Don't talk to me now, I'm scanning for danger"
[Dykema (2006)] - „Rede nicht jetzt mit mir, ich suche
nach Gefährdungen".
So lange sich ein Säugetier im Flucht- oder Kampf-
Modus befindet, kann es nicht sozial interagieren.
Da aber die soziale Interaktion die wesentliche Voraussetzung für Entwicklung ist, so stehen also Angst und Stress
nicht nur der sozialen Interaktion, sondern auch der Entwicklung von autistischen Kindern im Wege.
Wie schnell sich autistische Kinder in einem freundlichen
und sensorisch niederschwelligen Umfeld, welches von
den Kindern als „sicher" wahrgenommen wird, entwickeln können, erleben wir immer wieder im Solidar
Hotel. Bisher, und darauf sind wir recht stolz, musste
keine Familie mit einem autistischen Kind den Urlaub bei
uns abbrechen. Im Gegenteil wollten viele autistische
Kinder und Jugendliche gleich ganz bei uns bleiben oder
zumindest wieder bei uns ihre Ferien verbringen.
Dies zeigt, wie groß der Einfluss der Umwelt auf die Entwicklung von Autisten im Guten wie im Schlechten sein
kann. Die bisherige und immer noch weit verbreitete
Fokussierung allein auf die Autisten greift viel zu kurz
und läuft am Ziel vorbei.

IV. ZIELE

Das wichtigste Ziel bei der Anschaffung eines Hundes
sollte die Freude am Zusammensein mit diesem sein.
Wer keinen Spaß am Umgang mit Hunden hat, wer z.B.
langen Spaziergängen mit dem Hund nichts abgewinnen
kann, wer sich also nur eine Verbesserung des Verhaltens
des autistischen Kindes erhofft, der sollte von der Anschaffung eines Hundes Abstand nehmen.
Über diese Freude am Zusammensein mit einem Hund
hinaus können und sollten aber durchaus folgende Ziele
angestrebt werden.

1   Abbau von Angst und Stress

Es wurde bereits dargelegt, dass Angst und Stress große
Hemmnisse für die soziale Interaktion und damit auch für
die Entwicklung von autistischen Kindern sind.
So sollte der Abbau von Angst und Stress eines der
wesentlichen Ziele der Anschaffung eines Hundes sein.
Zu dieser Reduzierung von Angst und Stress sind Hunde
sehr gut in der Lage, wenn die Randbedingungen z.B. der
Haltung stimmen. Dies wird von etlichen Studien belegt.
So können Hunde nicht nur unsere Körpersprache
„lesen", sondern auch unsere Stimmung riechen.

Hunde sind z.B. in der Lage, über den Geruchssinn unseren Cortisol-Spiegel (Cortisol ist ein Stresshormon) und damit unser Stressniveau zu riechen. Aber auch Freude und Trauer und viele andere Gefühle können Hunde wahrnehmen und sich entsprechend uns gegenüber verhalten. Wenn die Interaktion zwischen Mensch und Hund stimmt, dann ist die Zuneigung eines Hundes immer vollkommen und unbedingt. Nicht ohne Grund sagt der Volksmund, dass keiner einem ein so verlässlicher Freund ist wie ein Hund.

Zugleich ist ein Hund auch ein Gefährte, Verbündeter und Beschützer, und kann auch darüber Angst und Stress abbauen. Und dies nicht nur beim autistischen Kind oder Jugendlichen, sondern bei der ganzen Familie.

Praxisbeispiel: Gismo
Gismo, ein 10 Jahre alter ehemaliger Straßenhund, hat gelernt auf Kommando seine Halterin gegenüber Menschenmengen abzuschirmen. Auf die Kommandos „vor" oder „hinter" hin stellt er sich vor oder hinter seine Halterin und schirmt sie so von anderen Menschen in einer Menge, z.B. einem Weihnachtsmarkt, ab.

2 Förderung der sozialen Interaktion (Katalysator)

Wie wir in dem Kapitel über unsere Erfahrungen mit autistischen Kindern und ihren Eltern und Geschwistern in der Hundeschule noch ausführlicher berichten werden, kann die Interaktion zwischen Eltern und Hund sowie Kind und Hund auch zur Verbesserung der Interaktion zwischen Eltern und (autistischem) Kind beitragen. Dies sollte auch das Ziel eines Hundes in der Familie sein. Der Hund wirkt also quasi als Katalysator für die soziale Interaktion zwischen Eltern und autistischem Kind, wie in der Grafik dargestellt. Hierbei wird über die vertikale Position auch die Stellung innerhalb der familiären Struktur wiedergegeben. Mit den (sich in Erziehungsfragen hoffentlich einigen) Eltern an der Spitze, gefolgt von dem Kind bzw. den Kindern, und dann dem Hund.

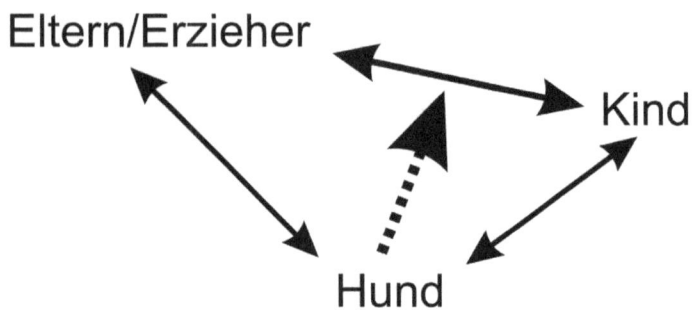

Leider kann man immer wieder auch andere Konstruktionen und vor allem Rangordnungen zwischen Mensch und Hund beobachten.

Alle anderen denkbaren Konstellationen der sozialen Struktur kommen auch vor – mit entsprechend unterschiedlichen Problemen.

3   Missbrauch eines Hundes

Ein Hund kann allerdings auch dazu genutzt werden, die Interaktion mit dem eigenen Kind nicht zu fördern sondern zu beschränken und zu behindern.

In einem Internet-Video wird ein Vater gezeigt, der einen Hund quasi als „Hütehund" für seinen autistischen Sohn abgerichtet hat. Der Hund holt z.B. den Sohn zurück, wenn dieser „weg"-gelaufen ist und legt sich an der Bushaltestelle auf die Beine des Kindes, so dass sich das Kind nicht mehr rühren kann. Ansonsten ist der autistische Junge an die Leine des Hundes fest angebunden und muss so dem Hund, der vom Vater geführt wird, folgen.

Das wirkt nur deshalb „süß", weil die „Kette", an der das Kind hängt, ein Hund ist. Aber es ist genauso grausam, als wenn das Kind wirklich an einer Kette hinterher gezogen würde.

Denn die Interaktion findet nur noch zwischen Vater und

Hund statt, und nicht mehr mit dem Kind.

Aber ohne soziale Interaktion ist die Entwicklung zumindest gestört.

Zugleich wird dem Kind die Freiheit geraubt, indem sich der Hund z.B. auf die Beine des Kindes legt und zudem der Radius des Kindes durch die Leine begrenzt wird.

Statt die soziale Interaktion zwischen Eltern und Kind zu fördern, wird der Hund also dazu missbraucht, diese zu vermeiden. Durch die Verhinderung der Interaktion zwischen Vater und Sohn wird aber auch die Entwicklung des Kindes zumindest behindert, wenn nicht gar verhindert.

Eltern/Erzieher

⬆⬇

Hund

⬆⬇

Kind

Die Interaktion erfolgt nicht mehr zwischen Eltern und Kind, sondern wird an den Hund delegiert.

Zugleich steht das Kind auf einer Stufe in der Rangordnung, auf die es nicht gehört.

Durch beides wird die Entwicklung des autistischen Kindes erschwert wenn nicht gar unterbunden.

Dies wird nur dadurch verständlich, dass die Autismus-Forschung der letzten 50 Jahre Eltern die falsche (!) Auskunft gegeben hat, dass sich die autistischen Kinder nicht entwickeln können, sich niemals entwickeln würden und als reine Reiz-Reaktions-Automaten zu betrachten sind.

Es ist ein großes Versagen der Autismus-Forschung, dass man autistischen Kindern über Jahrzehnte hinweg eine entwicklungsdynamische Perspektive verweigert hat, die die soziale Interaktion als Grundlage und notwendige Voraussetzung einer möglichen Entwicklung begreift.

V. PRAXIS

Der wohl wichtigste Unterschied bei der Interaktion mit einem Hund ist die Frage, ob man diesen durch permanente Gabe von „Leckerli" versucht zu motivieren bzw. zu konditionieren. Oder ob man versucht, eine wirkliche Beziehung zwischen Hund und Mensch aufzubauen.

Bei der „Leckerli"-Variante, die sich auch in vielen wenn nicht gar den meisten Hundeschulen heutzutage findet, macht sich der Mensch zum reinen Futterspender. Und sollte sich deshalb nicht wundern, wenn er vom Hund auch nur so wahrgenommen wird.

Auf der anderen Seite steht das Ziel einer gelungenen und intensiven sozialen Interaktion zwischen Mensch und Hund. Dabei kommt für uns die „Leckerli"-Methode nicht in Frage. Und dies zum einen prinzipiell, zum anderen aber auch aufgrund des Ziels einer Förderung der sozialen Interaktion zwischen z.B. Autist und Hund.

Der Unterschied wird deutlich, wenn man einen Beutel mit Leckerli nutzt. Ist der Mensch mit diesem ausgestattet, achtet der Hund nur noch auf den Beutel, orientiert sich an diesem. Ohne Futterbeutel orientiert sich der Hund dagegen am Menschen.

Das heißt nicht, dass eine Belohnung in Form eines Leckerlis durchaus auch einmal sinnvoll und sogar notwendig sein kann. Doch es sollte nicht das grundlegende Prinzip der Interaktion von Mensch und Hund sein. Und natürlich auch nicht die Grundlage der Interaktion zwischen Menschen, egal ob autistisch oder nicht.

1   Anschaffung eines Hundes

Ein Hund sollte niemals nur Mittel sein, z.B. um die soziale Interaktion innerhalb der Familie zu verbessern, sondern immer auch Zweck seiner selbst. Als Lebewesen hat ein Hund seine eigenen Bedürfnisse und Rechte. Am Anfang sollte also die Frage stehen, ob man diesen Bedürfnissen eines Hundes überhaupt gerecht werden kann. Ob die zeitlichen und sonstigen Umstände innerhalb z.B. der Familie die artgerechte Haltung eines Hundes überhaupt zulassen. Welche Rasse sich bei den gegebenen Möglichkeiten eignen könnte. Ein Hund verursacht zudem einen nicht unerheblichen zeitlichen Aufwand und Kosten, die die Anschaffungskosten schnell übersteigen können. Dies alles sollte schon im voraus bedacht werden, um Probleme und Enttäuschungen zu vermeiden. Denn das Stressniveau ist in Familien mit autistischen Kindern häufig schon hoch genug, und sollte durch einen Hund ja eigentlich verringert und nicht erhöht werden.

Praxisbeispiel: Th.

Die Eltern von Th., 21 Jahre alt und mutistischer Autist, dachten über die Anschaffung eines Hundes nach. Durch das Beratungsgespräch stellte sich heraus, dass beide Eltern arbeiten gingen und kaum Zeit für die Beschäftigung mit einem Hund vorhanden war. Auch war das Ziel einer Anschaffung nur, einen positiven Effekt für Th. zu erzielen. Ein Hund als solcher war nur als Mittel hierzu gedacht.

1.1 Reagiert das Kind auf einen Hund?

Steht man der Anschaffung eines Hundes prinzipiell positiv gegenüber – nicht nur als Mittel zum Zweck – dann sollte im Vorfeld geklärt werden, ob das autistische Kind überhaupt auf einen Hund reagiert. Zwar haben viele Kinder allgemein eine gute Beziehung zu Hunden – aber eben nicht alle.

Praxisbeispiel: R.

Beim Besuch der Hundeschule zeigte R., 4 Jahre und mutistischer Autist, kein Interesse an den Hunden. Lieber spielte er mit den dort vorhandenen Wasserbehältern. Auch bei einem weiteren Besuch waren die Hunde für R. nicht von direktem Interesse. Wir werden darauf zurück kommen.

Es empfiehlt sich von daher, vor der Anschaffung eines Hundes andere Möglichkeiten eines Kontaktes zu Hunden zu nutzen, z.B. eine Hundeschule, Tierheim oder einen Therapeut mit Therapiebegleithund.
Tierheime bieten z.B. häufig die Möglichkeit, sich einen Hund für „Gassi gehen" auszuleihen.
So vermeidet man eine Enttäuschung, wenn das Kind auf den neu angeschafften Hund nicht so reagiert, wie man sich das gewünscht hat.

Praxisbeispiel: L.
Das Gegenteil von R. (siehe oben) war L., 6 Jahre alt und mutistische Autistin. Lief L. sonst mit starrem, ausdruckslosen Blick durch die Gegend, auch durch die Gasträume des Solidar Hotels, blühte sie bei den Hunden vollkommen auf. Sie lächelte und freute sich, suchte Blickkontakt und schaute sich um.

Aber auch wenn das autistische Kind nicht gleich positiv auf einen Hund reagiert, kann eine Anschaffung trotzdem sinnvoll sein. Denn zum einen braucht der Aufbau einer Beziehung zwischen Autist und Hund manchmal einfach etwas länger. Und zum anderen können Hunde nicht nur auf die autistischen Kinder und Jugendlichen positiv wirken, sondern auf die gesamte Familie.

1.2 Was für einen Hund?

Hat man sich nach hoffentlich reiflicher Überlegung
entschieden, einen Hund anzuschaffen, muss die Frage
geklärt werden, was für ein Hund Teil der Familie werden
soll. Jede Hunderasse hat ihre eigenen Bedürfnisse und
ihre eigenen Vorteile. Auch wenn sich die Hunde einer
Rasse voneinander sehr unterscheiden können, ist doch
eine Grundtendenz vorhanden. Manche Rassen sind mehr
auf den Menschen und die soziale Interaktion ausgerichtet als andere. Manche brauchen mehr Auslauf, Heraus-
forderung und Beschäftigung als andere ...
Letztlich sollte der Hund nicht vom Aussehen oder der
jeweiligen Mode her zur Familie passen, sondern von
seinem Wesen und seinen Bedürfnissen.
Lassen Sie sich am Besten vor der Anschaffung eines
Hundes kompetent und unabhängig (also weder von
Züchtern, Hundehändlern oder „normalen" Hundebe-
sitzern) beraten. Die Beratung durch einen qualifizierten
Hundetrainer insbesondere auch bezüglich der Rasse
kann viel Ärger und Mühe ersparen.
Nicht nur in Internet-Foren findet man immer wieder
„Autismus Assistenzhunde" angepriesen. Doch muss es
ein solcher sein?

Anders als z.B. bei Blinden, bei denen der Blindenführhund wichtige Aufgaben übernehmen muss, die eine langwierige Ausbildung erfordern, dient der Hund bei Familien mit autistischen Kindern oder auch erwachsenen Autisten vor allem den beiden Punkten des Stressabbaus und der sozialen Interaktion. Zwar ist es hilfreich, wenn der Hund auf Menschen bezogen und schon erzogen ist. Doch die Notwendigkeit des Aufbaus einer tragfähigen Beziehung durch soziale Interaktion entfällt dadurch nicht. Und diese müssen die Käufer selber leisten – durch viele Stunden sozialer Interaktion. Der wesentliche Vorteil bei ausgebildeten Assistenzhunden ist vielleicht, dass die Bereitschaft zum Erwerb notwendiger Kompetenzen bei einem einige tausend Euro teuren Hund höher ist als bei einem Hund aus dem Tierheim. Doch Wunder können auch ausgebildete Assistenzhunde zumindest im Bereich Autismus nicht bewirken. Die zeitaufwendige Hauptaufgabe der sozialen Interaktion mit dem Hund ist und bleibt den (zukünftigen) Besitzern nicht erspart.

1.2.a   Kein Helfersyndrom (Straßenhunde)

Die Rettung von Straßenhunden ist zur Zeit ein großes Thema. Doch sind ehemalige Straßenhunde für Familien mit autistischen Kindern überhaupt geeignet?

53

Bedenkt man den meistens schon hohen Stresspegel in diesen Familien, dazu die häufig nicht sehr großen Zeitreserven für eine intensive Beschäftigung mit dem Hund, muss man diese Frage eher verneinen.

Ziel der Anschaffung eines Hundes ist ja vor allem der Abbau von Stress – und nicht der Aufbau von neuem. Durch das Leben auf der Straße sind diese Hunde oft wenig auf den Menschen, sondern eher auf den Überlebenskampf mit allen Mitteln ausgerichtet.

Praxisbeispiel: L.

Die Familie von L., Asperger und 10 Jahre alt, hatte zwei in Osteuropa gerettete Straßenhunde. Diese waren, wie Straßenhunde häufig, sehr quirlig und selbständig.

Zudem ließ die Erziehung der beiden Hunde auch trotz des mehrmonatigen Besuchs einer Hundeschule zu wünschen übrig. So war z.B. ein entspannter Spaziergang an der Leine mit den beiden nicht möglich.

L. war, obwohl zwei Hunde in der Familie waren, totaler Krishna-Fan, wollte immer mit Krishna kuscheln.

Der große Unterschied im Wesen als auch der Erziehung der Hunde lässt dies leicht nachvollziehen.

Das bedeutet nicht, dass gerettete Straßenhunde niemals für Familien mit autistischem Kind geeignet sein können. Es spricht nichts gegen die Anschaffung eines ehemaligen Straßenhundes, wenn genug Zeit und Energie vorhanden ist. Zum einen um die notwendigen Kompetenzen für die Führung eines Straßenhundes zu erwerben (falls nicht vorhanden), und zum anderen um den Hund entsprechend zu trainieren und zu fordern. Ja, die Interaktion mit Straßenhunden kann sogar besonders spannend sein.

Praxisbeispiel: Ti.
Die beiden ehemaligen Straßenhunde von Ti., 29 Jahre und Aspergerin, sind das Gegenteil der Hunde von L.. Straßenhunde sind in aller Regel kaum auf den Menschen geprägt und zugleich auf einen harten Überlebenskampf selektiert. Die beiden Hunde von Ti. sind trotzdem, aufgrund eines hohen zeitlichen Einsatzes bezüglich des Trainings und der Ausbildung, zwei gut erzogene (Straßen-) Hunde, die auch gut zur Interaktion mit Kindern geeignet sind. Trotzdem sind sie sehr fordernd.

Rein prinzipiell ist von einer Mehrhundehaltung am Anfang abzuraten. Es sollte vor der Anschaffung eines zweiten Hundes keinerlei Probleme bei der Führung des ersten Hundes geben.
Kein Problem im Umgang mit dem ersten Hund lässt sich durch die Anschaffung eines zweiten Hundes lösen – im Gegenteil.

1.2.b   Alter des Hundes

Welpen sind ja so süß. Doch darüber sollte nicht vergessen werden, dass die Aufzucht und Erziehung eines Welpen viel Zeit und Nerven in Anspruch nimmt. Zeit, die sicher besser in die Förderung des autistischen Kindes investiert werden sollte. Zu überlegen wäre deshalb, ob man nicht eher einen älteren, bereits ausgebildeten Hund anschafft. Dabei muss es sich nicht unbedingt um einen teuren Assistenzhund handeln. Es gibt immer mal wieder gut ausgebildete Hunde wie unseren Krishna, die in ihrem bisherigen Job „in Rente gehen" und sich über eine neue Aufgabe in einer Familie freuen. Z.B. ursprünglich als Blindenführhunde vorgesehene Hunde, von Züchtern zwar großgezogene, aber dann doch nicht für die Zucht geeignete … Die Mühe, sich auf die Suche nach einem entsprechenden Hund zu machen, lohnt sich mit Sicherheit.

1.2.c   Was soll der Hund können?

Menschen legen bei Hunden häufig viel Wert auf die Beherrschung von irgendwelchen Tricks, und sei es nur das „Pfote geben". Für das gute und Stress reduzierende und die soziale Interaktion fördernde Zusammenleben

mit einem Hund sind solche Tricks, so unterhaltsam sei
sein mögen, nicht von Bedeutung.

Viel wichtiger dagegen ist die „soziale Kompetenz" des
Hundes. Ein Hund sollte deshalb nach Möglichkeit folgende Eigenschaften mitbringen:

- Auf Menschen geprägt und an sozialer Interaktion mit Menschen interessiert. D.h. keine sehr
  eigenständigen Rassen wie Terrier, Herden-
  schutzhunde, nordische und asiatische Rassen.

- Verträglich mit Kindern

- Verträglich mit anderen Hunden/Tieren

- Kontrollierbares oder kein Jagdverhalten

- Resistent gegenüber Stress

- Gehorsam (Leinenführig, Grundkommandos …)

Tricks oder auch Kommandos wie das Stellen vor oder
hinter den Autisten kann man dem Hund dann immer
noch beibringen. Dabei eignen sich manche Rassen besser, andere weniger. Denn die Erziehung des Hundes baut
immer auf der genetischen Veranlagung auf.

1.3   Wie führe ich einen Hund?

Einen Hund zu führen ist kein Kinderspiel. Ein Hund ist
ein lebendiges Wesen, soll sensibel und lernfähig sein –
und kann deshalb auch durch falsche Behandlung „ver-
dorben" werden. Leider dauert es um ein vielfaches länger, einen Hund zu erziehen, als aus ihm einen „Problem-
hund" zu machen.

Und auch der maximal ausgebildete, einige tausend Euro
teure Assistenzhund ist nicht resistent gegen eine falsche
Führung durch seine Besitzer. So sollte, wenn nicht schon
in ausreichendem Maße vorhanden, mit der Anschaffung
eines Hundes auch die entsprechende Aneignung des notwendigen Wissens und Könnens bezüglich der Hunde-
führung einhergehen.

Sonst ist das Risiko groß, dass der Hund nach wenigen
Wochen mehr Stress verursacht als diesen abzubauen.

Dass der Besuch einer geeigneten (!) Hundeschule dabei
nicht nur die notwendigen Fähigkeiten bezüglich des
Hundes vermittelt, sondern auch die soziale Interaktion
zwischen autistischem Kind und Eltern positiv verändern
kann, durften wir in den letzten Monaten immer wieder
erleben.

Geeignet sind Hundeschulen, die vor allem Wert auf den
Aufbau einer stabilen sozialen Beziehung zwischen

Mensch und Hund legen, also kaum zu Leckerli und Klicker greifen und nicht der Meinung sind, dass auf Fehlverhalten des Hundes prinzipiell mit Ignorieren reagiert werden sollte. Dies kann in manchen Fällen sinnvoll sein – aber nicht als Universallösung.

VI. ERFAHRUNGEN HUNDESCHULE

Einmal in der Woche können die Familien im Solidar Hotel Goldener Stern zusammen die fußläufig gelegene Hundeschule besuchen. Schon hier wird der Unterschied zu der bisherigen Perspektive rein auf die Interaktion zwischen autistischem Kind und Hund deutlich. Denn es sind nicht nur die autistischen Kinder dabei. Zum einen kommt in aller Regel die ganze Familie des autistischen Kindes inklusive der Geschwister mit. Zum anderen nehmen auch die Familien mit neurotypischen Kindern teil. Möglich ist dies, da zur Hundeschule auch eine Hundezucht gehört, in der europäische Schlittenhunde nicht für den Verkauf, sondern vor allem für den eigenen Bedarf gezüchtet und aufgezogen werden.

So stehen immer mindestens 8 Hunde mit ähnlichem und Ausbildungsstand und ausgeprägtem Sozialverhalten zur Verfügung. Dadurch kann jede Familie „ihren" Hund für die Trainings-Stunde bekommen, um mit diesem zu üben. Da alle Hunde Freude am Miteinander mit Menschen haben und zudem die entsprechenden Kommandos sowie die Interaktion mit Menschen beherrschen, liegt es in den Trainings-Stunden bei Problemen mit der Mensch-Hund-Interaktion immer am jeweiligen Menschen, der den Hund führt.

Wenn also der Hund nicht versteht, was der jeweilige Mensch von ihm will, dann liegt es hier eindeutig an Problemen in der Kommunikation des Menschen. Dies ist gerade im Zusammenhang mit der Interaktion mit Autisten sehr interessant, wurden die Ursachen für die „Störung der Interaktion" über 50 Jahre allein bei den Autisten gesucht.

Doch zumindest bei der Interaktion mit den ausgebildeten Hunden zeigt sich, dass Probleme auch auf Seiten der Eltern und Geschwister vorhanden sein können.

1   Fokus verändern

Der Umgang mit den Hunden verschiebt während der Trainings-Stunde die Aufmerksamkeit der Eltern sehr stark. In vielen Familien ist die gesamte Aufmerksamkeit fast immer auf das autistische Kind gerichtet.

Das bedeutet aber auch, wenn auch ohne Absicht, dass der Aktionsradius des Kindes sehr stark eingeschränkt und alles Tun „überwacht" wird. So wird häufig selbst normales und letztlich auch sehr erwünschtes Explorationsverhalten, also das Erkunden der Umgebung, z.B. durch das Laufen in unsere Küche, unterbunden.

Durch die Arbeit mit den Hunden wird die Aufmerksamkeit der Eltern nun von den Kindern abgezogen, weil sie von den Hunden beansprucht wird.

Dies führt immer wieder dazu, dass die autistischen Kinder diesen auf einmal verfügbaren Freiraum nutzen können.

Praxisbeispiel: L.

Für die Hunde interessierte sich L., 6 Jahre alt, nur wenig und ritualisiert sprechender frühkindlicher Autist, kaum. Der Tunnel für die Hunde, durch den diese als Übung hindurch laufen müssen, hatte dagegen L.s Aufmerksamkeit erregt. Die Eltern waren mit den Hunden beschäftigt, und so konnte er wieder und immer wieder durch den Tunnel krabbeln. Dafür gelobt, feierte er anschließend selber jede neue Runde mit einem fröhlichen „Tunnel!".

Entwicklung braucht Grenzen, braucht aber auch Freiräume. Durch die komplette Fokussierung auf das autistische Kind wird diesem häufig genau dieser zur Erkundung und Entwicklung notwendige Freiraum genommen. Durch die Erfahrungen in der Hundeschule lernen die Eltern häufig schnell, dass es gut ist, dem Kind auch Freiheiten zu lassen und die Aufmerksamkeit auch einmal vom Kind abzuwenden.

1.1   Konkurrenz bieten

Die Hunde stellen auf einmal eine Konkurrenz zum Kind dar. Das Kind steht ja auf einmal nicht mehr im Mittelpunkt der Aufmerksamkeit der Eltern, sondern die Interaktion mit den Hunden. Die einen Kinder nutzen diese Freiheit, wie vorher beschrieben, andere dagegen versuchen die Aufmerksamkeit der Eltern sofort wieder zu erkämpfen. Und dies in aller Regel durch Geschrei.

Praxisbeispiel: R.
Während einer Einzelstunde verließen wir das Gelände zusammen mit den Eltern und zwei Hunden. Das autistische Kind, R. 4-jähriger mutistischer Autist, blieb am Tor zurück und schrie.
Da jedoch sowohl die Hunde als auch wir ruhig blieben, war es auch den Eltern möglich, ruhig zu bleiben.
Recht schnell merkte das Kind, dass es seinen Willen so nicht durchsetzen kann und die Eltern nicht zum Kind eilen werden. So kam das Kind zu uns, suchte den Kontakt zu den Eltern – und forderte diesen nicht mehr dominant ein. Durch diese nur wenige Minuten dauernde Interaktion wurde zumindest vorübergehend eine natürliche Orientierung (wieder) hergestellt. Das Kind orientierte sich an den Eltern und nicht umgekehrt.

Kindern die von diesen benötigte klare Orientierung zu geben ist nicht böse, sondern notwendig.
Unsere kulturelle Wahrnehmung hat sich leider in eine andere Richtung entwickelt.

1.2 Interessante Tätigkeit der Eltern

Durch die Ausrichtung der gesamten Aufmerksamkeit auf das autistische Kind und seine Wünsche wird nicht nur dessen Entwicklung, sondern werden auch Entfaltungsmöglichkeiten der Eltern eingeschränkt. Doch spannende Tätigkeiten der Eltern in Kombination mit der Verschiebung der Aufmerksamkeit können für das autistische Kind durchaus interessant sein und zu sozialer Interaktion führen.

Praxisbeispiel: R.
Wie schon dargestellt, hatte R., 4 Jahre alt und mutistischer Autist, Anfangs kein Interesse an den Hunden. Dies hielt auch bei einem weiteren Besuch an. Die Eltern ließen sich aber auch nicht durch das exzessive Spielen mit Wasser von der Arbeit mit den Hunden ablenken. Dies führte dazu, dass R. nach einiger Zeit anfing, sich für das Tun der Eltern zu interessieren, zu diesen hin und mit ihnen mit zu laufen.

Interaktion bedeutet ja ein wechselseitiges aufeinander schauen. So können interessante Tätigkeiten der Eltern durchaus eine Einladung für die Kinder sein, sich für die Eltern und deren Tun zu interessieren und sich an den Eltern zu orientieren.

2   Lob und Belohnung

Häufig werden von den Eltern autistischer Kinder nur noch die negativen Eigenschaften und Verhaltensweisen der Kinder wahrgenommen. Positive Verhaltensweisen und Entwicklungen werden dagegen häufig übersehen. Negative Glaubenssätze, dass die autistischen Kinder entsprechende Dinge nicht tun oder verstehen können, stehen einer Förderung der Entwicklung nicht selten im Wege. Und so werden positive Ansätze, die autistische Kinder zeigen, zum einen häufig übersehen, zum anderen dann natürlich auch nicht entsprechend gewürdigt. Doch Anerkennung, Lob und Belohnung ist für alle wichtig, für Menschen wie auch Hunde. Durch die Arbeit mit den Hunden, durch das notwendige Loben des Hundes nach einer gelungenen Übung, werden die Eltern wieder daran erinnert, ihre Kinder auch für Fortschritte und gelungene Aktionen zu loben. Denn warum soll ich als Kind etwas tun, wenn es der Umgebung egal ist? Woran kann ich erkennen, dass ich es richtig gemacht habe?

Warum mich anstrengen, wenn der Erfolg ignoriert wird?
Und Lob und Belohnung können auch durch Leckerli
ausgedrückt werden – müssen es aber nicht. Gerade hier
reicht häufig ein verbales Lob, ein freudiges Feiern des
Erfolges, wie es Grundbestandteil kindzentrierter Förder-
programme wie AuJA und Son-Rise® sind.
Bleibt das Lob und die Aufmerksamkeit bei positivem
Verhalten aus, so lernen Kinder und auch Hunde schnell,
dass sie zumindest bei Fehlverhalten sehr zuverlässig die
benötigte Aufmerksamkeit erhalten.

3   Klare Kommunikation

Die in der Hundeschule zum Einsatz kommenden Hunde
sind alle „leinenführig", folgen also der Leine.
Zu Beginn der Stunde ist jedoch der neue, unbekannte
Mensch am anderen Ende der Leine eher ein lästiges Hin-
dernis. Die anderen Hunde auf dem Platz, die Besitzerin
sowie vorbeifahrende Autos … alles ist interessanter als
der unbekannte Mensch am anderen Ende der Leine.
So kann man am Anfang häufig beobachten, dass die
Menschen dem Hund folgen und nicht der Hund dem
Menschen.
Deshalb ist in aller Regel die erste Übung, dass die Men-
schen die Kommunikation mit dem Hund herstellen.
Und dass sie dem Hund klar machen, dass sich dieser auf

sie konzentrieren und sich an ihnen orientieren soll.

Die Menschen sollen ein „Gespräch" mit dem Hund beginnen, eine soziale Interaktion. Ziel ist es, dass die Leine zum „Telefondraht" wird, also zum Kommunikationsmittel zwischen Mensch und Hund. Wichtigste Voraussetzung hierfür ist, dass die Leine nicht gespannt sondern locker ist. Dass man also die Leine theoretisch mit zwei Fingern halten kann und der Hund trotzdem folgt. Allein hiervon sind schon viele Hundehalter weit entfernt, folgen sie an der Leine doch eher dem Hund, als der Hund ihnen.

Doch selbst einem Hund, der leinenführig ist, muss man deutlich kommunizieren, was er tun soll, damit er es tun kann. Wenn der Mensch nicht weiß, was er will und/oder schwammig kommuniziert, wird die Interaktion mit dem Hund zumindest schwierig wenn nicht gar scheitern. Gerade am Anfang ist es schwer, die Aufmerksamkeit des Hundes überhaupt zu bekommen. Und wenn man sie durch Ruf oder Anstupsen erhält – dann meistens nur für wenige Sekunden. Timing ist also alles. Wenn ich die Aufmerksamkeit des Hundes einfordere, dann sollte ich zum einen wissen, was ich überhaupt möchte. Und zum anderen dies dann auch sofort und klar kommunizieren. Sonst ist die Aufmerksamkeit des Hundes entweder wieder bei anderen Dingen. Oder wenn ich nicht klar kommuniziere, was ich will, versteht er mich nicht.

Viele Fehler, die häufig bei der Kommunikation mit
Hunden gemacht werden, lassen sich jedoch relativ
schnell korrigieren.

3.1   Mimik und Körpersprache

NT-Menschen legen viel zu viel Wert auf die Laut-
sprache. Dies liegt u.a. an der Wichtigkeit der unbewuss-
ten Gruppenorientierung und dem damit einhergehenden
Small-talk als soziale „Fellpflege".
Dadurch neigen Hundehalter nicht selten dazu, ihre
Hunde „tot zu quatschen".
Doch Hunde orientieren sich viel mehr an unserer Kör-
persprache und Mimik als an der Lautsprache.
Stehe ich gebeugt oder aufrecht, beuge ich mich über den
Hund, in welche Richtung gehe ich, in welche Richtung
schaue ich …

Praxis-Beispiel:
*Der Hundetrainer erklärte beim Man-trailing, der Suche
nach Menschen, den Zielpersonen die Stelle, zu der diese
gehen und sich dort verstecken sollen.*
*Der Hund führte dann auch den Hundetrainer zu dieser
Stelle. Nur hatten die Zielpersonen die Beschreibung
falsch verstanden und waren ganz wo anders. Der Hund
war also nicht der Fährte der Zielpersonen gefolgt,*

sondern hatte sich an der Körpersprache des Hundetrainers orientiert.

Die Körpersprache, unsere Mimik und Gestik sind für den Hund also viel wichtiger als die Lautsprache. Und können auch zu großen Irritationen führen. Schaue ich vielleicht immer noch finster, weil ich noch an den Streit auf der Arbeit denke, während ich meinen Hund belohne? Oder vielleicht schaue ich auch recht glücklich, während ich meinen Hund für sein Jagen schimpfe, weil der freiheitsliebende Jäger in mir das Verhalten des Hundes insgeheim gut heißt.

3.1.a Exkurs: Schulz von Thun und das „innere Team"

Menschen neigen dazu, sich als psychische Einheit wahrzunehmen. Dabei besteht ein Mensch in der Regel, wie Schulz von Thun in seinem Buch „Miteinander Reden. Band 3" ausführlich darstellt, nicht aus einer einheitlichen Persönlichkeit, sondern aus vielen inneren Strömungen und Wünschen, aus verschiedenen Persönlichkeiten – dem „inneren Team".
Jede dieser Seiten, jede Strömung hat eine andere Richtung, andere Wertvorstellungen, Ziele ...

Da könnte z.B. als ein Teammitglied der Freiheitskämpfer und Draufgänger sein. Ein anderes der Ängstliche, der Verluste fürchtet. Hinzu gesellt sich vielleicht der Tierschützer, der sich um das Wohl der Tiere kümmert. Und der Gesetzestreue, für den die Einhaltung aller Regeln von großer Bedeutung ist.

Geht nun der Hund des Halters, der alle diese verschiedenen inneren Einstellungen in sich trägt, jagen, so werden sich im Halter verschiedene Stimmen melden und das Jagen verschieden bewerten.

Der Freiheitskämpfer und Draufgänger wird es insgeheim gutheißen.

Der Tierschützer sorgt sich um das gejagte Reh.

Dem Ängstlichen ist das Reh zwar egal, fürchtet aber, dass der Hund nach seinem Jagdausflug nicht zurück kommt oder vom Jäger erschossen wird.

Und der Gesetzestreue mokiert sich über die Verletzung der Regeln.

Wie wird die Reaktion auf das Jagdverhalten des Hundes also ausfallen?

Der Freiheitskämpfer möchte den Hund loben, der Ängstliche sich über die Rückkehr freuen, der Tierschützer den Hund schimpfen – aber nicht zu stark, und der Gesetzestreue den Hund für sein Vergehen bestrafen.

Alle diese Handlungen wetteifern miteinander, werden sich sowohl im Minenspiel als auch Verhalten des Halters widerspiegeln (wenn er sich nicht vorher diese Strömungen bewusst gemacht hat). So entsteht für den Hund eine Botschaft, die dieser nicht entschlüsseln kann.

Neben der Mimik ist auch die (richtige) Körpersprache wichtig für die Kommunikation mit dem Hund.
Es erscheint für Menschen ungewohnt, aber wenn ich möchte, dass der Hund mir folgt, dann gehe ich von diesem weg – und nicht auf ihn zu.
Als Übung bedeutet das, die Aufmerksamkeit des Hundes einzufordern. Und sobald der Hund schaut, sich umzudrehen und weg zu gehen. So wird eine Einladung an den Hund ausgedrückt, einem zu folgen.
Und auch wenn ein fremder Hund auf einen zugelaufen kommt und man (aus Angst) weg läuft, empfindet dieser Hund das als Einladung hinterher zu laufen. Hebt der Mensch auch noch die Arme, wird dies vom Hund erst recht als Aufforderung zum Hochspringen verstanden.
Wenn ich also möchte, dass der Hund zu mir kommt, rufe ich ihn und gehe nicht auf ihn zu, sondern von ihm weg.
Möchte ich das Gegenteil, nämlich dass der Hund mir ausweicht, dann gehe ich auf den Hund zu.

3.2   Blickkontakt / Blickrichtung

Der Blickkontakt wird insbesondere in der westlichen
Welt überbewertet. Die ganze Autismusforschung ist
durchdrungen von der Zwangsvorstellung, man müsse
anderen Menschen in die Augen schauen. Doch in anderen Kulturen und auch bei Hunden bewirkt der Blick in
die Augen teilweise das Gegenteil einer freundlichen
Kontaktaufnahme. Der Blick in die Augen kann durchaus
als Aggression verstanden werden: „Was guckst Du?!".
Hunde orientieren sich zudem an der Blickrichtung des
Menschen. Daraus folgt, dass man nicht den Hund an-
schauen, sondern in die Richtung blicken sollte, in die
man gehen möchte. Gerade dies fällt NT-Menschen bei
den Übungen ganz besonders schwer. Sie schauen immer
die Hunde an, statt in die Richtung, in die es gehen soll.
Der Blick zu anderen Menschen dient wohl der unbewussten Orientierung an der Gruppe, ist also eher eine
Frage als eine Anweisung. Statt einem „Wir gehen in
diese Richtung" also die Frage an die Gruppe „Ist es ok,
wenn wir in diese Richtung gehen?". Aber dies ist eine
Frage, die weder Hund noch Autist in dieser unbewussten
Form der Gruppeninteraktion verstehen, geschweige
denn beantworten können.

4 Geschwister stärken

Häufig kommen die Geschwister von autistischen Kindern zu kurz. Insbesondere die Schwestern. Diese verfügen häufig über eine sehr hohe soziale Kompetenz und sind sehr darauf konzentriert, sowohl ihrem autistischen Geschwister als auch den Eltern alles recht zu machen. Die eigenen Wünsche und Bedürfnisse werden dabei häufig zurück gestellt.

Die Möglichkeit, während der Trainings-Stunde einmal einen Hund für sich zu haben und mit diesem zu arbeiten, bietet auch den Geschwisterkindern die Möglichkeit, die eigenen Wünsche und Ziele überhaupt zumindest in diesem Bereich wahrzunehmen. Und zudem zu lernen, diese dann auch klar zu kommunizieren und gegenüber dem Hund durchzusetzen. Bei der Arbeit mit einem Hund funktioniert, wie bereits dargestellt, die Orientierung an der Gruppe, in diesem Fall an den Bedürfnissen der Anderen, nicht mehr.

VII. ZUSAMMENFASSUNG

Hunde können der sozialen Interaktion innerhalb einer Familie mit autistischem Kind sehr förderlich sein.
Dies zum einen durch den Abbau von Stress, zum anderen durch die besondere Art der Kommunikation mit einem Hund.
Diese positiven Folgen der Anschaffung eines Hundes setzten jedoch

- die richtige Auswahl des Hundes bezüglich Rasse und Ausbildung

- eine artgerechte Haltung

- eine kompetente Führung des Hundes

voraus!
Dabei sollten keine Wunder erwartet werden, sondern die Freude am Umgang und der sozialen Interaktion mit einem Hund im Vordergrund stehen.
Die Interaktion mit einem Hund kann man zum Teil mit einem Schachspiel vergleichen. Jeder Zug des einen Spielers ist die Voraussetzung und schafft die Bedingungen für den nächsten Zug des anderen Spielers.

Dabei interpretiert jeder das Verhalten des Gegenübers auf seine eigene Art und Weise. Diese Interpretationen wiederum sind die Grundlage für das eigene Handeln. Und am Schachspiel sollte man Freude haben, so wie am Zusammensein mit einem Hund auch. Dabei sind die Fähigkeiten und Strategien eines Hundes viel weitreichender, als dies viele lerntheoretischen Annahmen, die in gewissen Rahmen ihre Berechtigung haben, vermuten lassen.

Begegnen Sie ihrem Hund mit Leckerli-Beutel, Klicker und/oder Ignoranz (gegenüber unerwünschtem Verhalten), dann werden Sie mit einem Reiz-Reaktions-Automaten interagieren. Aber das liegt nicht am Hund, sondern an Ihrer Interpretation seines Verhaltens und dem daraus abgeleiteten Verhalten von Ihnen.

Praxisbeispiel: Ti. und Krishna

Zu einem Gespräch bei einer Beratungsstelle begleiteten Krishna und ich Ti., 29 Jahre und Aspergerin.
Obwohl Ti. selber zwei Hunde hat, haben wir uns für Krishna als Begleithund entschieden.
In der Beratungsstelle zeigt sich auf dem Weg zum Beratungsraum die Anspannung von Ti. dadurch, dass sie die Leine viel zu kurz, ja fast am Halsband nahm. Und das wider besseren Wissens. Durch die Leine orientierte sich Krishna nicht wie üblich an mir, sondern an Ti.

Durch die Rückmeldung durch mich, dass Ti. die Leine viel zu kurz nimmt, wurde ihr auch ihre eigene Anspannung bewusst.

Während des Beratungsgesprächs „kraulte" Ti. Krishna recht heftig – so wie man einen Hund krault, wenn man unter Stress steht. Auch darauf wies ich Ti. hin.

Krishna konnte man ansehen, dass er nicht, anders als sonst, das Kraulen genossen hat.

Trotzdem blieb Krishna an der Seite von T. und ließ sich weiter kraulen, obwohl er hätte weg gehen oder sich einfach hinlegen können. Da war nur ein kurzer Blick von Krishna zu mir, ob denn wohl alles in Ordnung ist. Es sind diese Interaktionen, die häufig nur Bruchteile einer Sekunde dauern, die entscheidend sein können für den weiteren Verlauf der Interaktion. Die aber auch eine stabile Beziehung und großes Vertrauen zwischen Mensch und Hund voraussetzen. Dies alles ist weder durch Leckerli noch Klicker zu erreichen. Diese heute so häufig propagierten Verhaltensweisen stehen Ihrem wichtigsten Werkzeug im Wege – Ihrer Intuition.

Erst als sich Ti. u.a. durch das Kraulen entspannt hatte, legte sich Krishna hin.

Das Verhalten von Krishna in diesem Praxisbeispiel kann man natürlich auch über entsprechende Lerntheorien „erklären" - sollte man aber nicht.

Begreifen Sie sich eher als Verhaltensforscher, der die Fähigkeiten (auch z.B. zu täuschen und zu lügen!) des Hundes erkunden möchte, dann werden Sie mit Sicherheit nicht nur Freude an den vielen Facetten Ihres Hundes haben, sondern auch an der guten sozialen Interaktion mit ihm.

Und seien Sie ihrem Hund nicht nur ein guter Halter, sondern auch ein Erzieher, der ihm kompetent die notwendigen (!) Grenzen aufzeigt. Zum Wohle aller an der Interaktion Beteiligten.

LITERATURHINWEISE

1   Allgemein

Adler, Alfred: Über den nervösen Charakter (1912).
Grundzüge einer vergleichenden Individualpsychologie
und Psychotherapie.

Schulz von Thun, Friedemann (2013): Miteinander reden,
Band 3: Das "Innere Team" und situationsgerechte
Kommunikation.

Sommer, Volker (2015): Lob der Lüge. Wie in der Evolution der Zweck die Mittel heiligt. Hirzel, S., Verlag; 1.
Auflage

2   Autismus

Ganz, Andreas; Schmidt, Bernhard J. (2016):
Frühkindlicher Autismus: Verstehen = Helfen.
Norderstedt: Books on Demand (Klartext kompakt, 8).

Khoziev, Vadim B.; Schmidt, Bernhard J. (2017):
Auf der Suche nach einer Autismus-Theorie.
Ein Russisch-Deutscher Dialog.
1. Auflage. Norderstedt: Books on Demand.

Schmidt, Bernhard J. (2015/1):
Autist und Gesellschaft - Ein zorniger Perspektiven-
wechsel. Band 1: Autismus verstehen.
1. Aufl. Norderstedt: Books on Demand.

Schmidt, Bernhard J. (2015/2):
Autist und Gesellschaft - Ein zorniger Perspektiven-
wechsel. Band 2: Hilfen für Autisten?
1. Aufl. Norderstedt: Books on Demand.

Schmidt, Bernhard J. (2015/3):
Klartext kompakt. Das Asperger Syndrom - für Eltern.
1. Aufl. Norderstedt: Books on Demand.

Schmidt, Bernhard J. (2016):
Klartext kompakt. Das Asperger Syndrom - Zwischen
Mobbing und Inklusion.
1. Auflage. Norderstedt: Books on Demand.

Schmidt, B. J.; Döhler, Christiane; Döhler, Deniz (2017):
Autismus – Sexualität – Partnerschaft
1. Auflage. Norderstedt: Books on Demand.

Schmidt, Bernhard J.; Ganz, Andreas (2016/2): Klartext
kompakt. Das Asperger Syndrom - nicht nur für Psycho-
therapeuten. 1. Auflage. Norderstedt: Books on Demand

3   Hundeführung

Grewe, Michael (2010): Hunde brauchen klare Grenzen:
Gesetze einer Freundschaft

4   Autisten und Hunde

Berry, Alessandra, et al.: Use of Assistance and Therapy
Dogs for Children with Autism Spectrum Disorders:
A Critical Review of the Current Evidence
THE JOURNAL OF ALTERNATIVE AND COMPLE-
MENTARY MEDICINE Volume 19, Number 2, 2013,
pp. 73–80 DOI: 10.1089/acm.2011.0835

Grandgeorge M, Tordjman S, Lazartigues A, Lemonnier
E, Deleau M, et al. (2012): Does Pet Arrival Trigger Pro-
social Behaviors in Individuals with Autism? PLoS ONE
7(8): e41739. doi:10.1371/journal.pone.0041739

Hall SS, Wright HF, Mills DS (2017): Parent perceptions
of the quality of life of pet dogs living with neuro-typi-
cally developing and neuroatypically developing children: An exploratory study. PLoS ONE 12(9): e0185300.
https://doi.org/10.1371/journal.pone.0185300

Solomon, O. (2010): What a Dog Can Do: Children with
Autism and Therapy Dogs in Social Interaction
ETHOS, Vol. 38, Issue 1, pp. 143–166,
DOI: 10.1111/j.1548-1352.2009.01085.x.

Wright, H. F., et al. (2015).
Acquiring a pet dog significantly reduces stress of prima-
ry carers for children with autism spectrum disorder: A
prospective case control study.
Journal of Autism and Developmental Disorders. 45(8),
2531–2540.
doi: 1 10.1007/s10803-015-2418-5.

Wright, Hannah F., et al. (2015)
Additional Evidence is Needed to Recommend Acquiring
a Dog to Families of Children with Autism Spectrum
Disorder: A Response to Crossman and Kazdin
J Autism Dev Disord
DOI 10.1007/s10803-015-2548-9

5 Polyvagal Theorie – Stephen Porges

Dykema, Ravi
"Don't talk to me now, I'm scanning for danger"
How your nervous system sabotages your ability to relate
An interview with Stephen Porges about his polyvagal
theory. NEXUS March/April 2006

Porges, S.W. (1995). Orienting in a defensive world:
Mammalian modifications of our evolutionary
heritage. A Polyvagal Theory. Psychophysiology, 32,
301-318.

Porges, S.W. (1997). Emotion: An evolutionary by-pro-
duct of the neural regulation of the
autonomic nervous system. In C. S. Carter, B. Kirkpa-
trick, & I.I. Lederhendler (eds.), The
Integrative Neurobiology of Affiliation, Annals of the
New York Academy of Sciences, 807, 62-77.

Porges, S.W. (1998). Love: An emergent property of the
mammalian autonomic nervous system.
Psychoneuroendocrinology, 23, 837-861.

Porges, S.W. (2001). The Polyvagal Theory: Phylogenetic substrates of a social nervous system.
International Journal of Psychophysiology, 42, 123-146.

Porges, Stephen W. (2007),
The Polyvagal Perspective
Biol Psychol. 2007 February ; 74(2): 116–143.

Porges, Stephen W. (2009)
The polyvagal theory: New insights into adaptive reactions of the autonomic nervous system
CLEVELAND CLINIC JOURNAL OF MEDICINE VOLUME 76 • SUPPLEMENT 2 APRIL 2009
doi:10.3949/ccjm.76.s2.17